Projeto Ápis

CADERNO DE ATIVIDADES

3º ANO
Ensino Fundamental

HISTÓRIA

NOME: _____ TURMA: _____

ESCOLA: _____

editora ática

Unidade 1

Viver em grupo

1 Na sua opinião, o que é preciso para viver em comunidade?

_____
_____
_____
_____

2 Faça um desenho ou cole imagens que representem a palavra **comunidade**.

3 Leia a tirinha abaixo e responda às questões.

BECK, Alexandre. **Armandinho**.

a) Como o menino pretende mudar o mundo?

_____

_____

_____

_____

b) Quando o menino diz que não está sozinho, em quem ele está pensando? Marque com um **X** a(s) resposta(s) que você considera correta(s).

☐ Em outras crianças da idade dele.

☐ Em pessoas que querem mudar o mundo sozinhas.

☐ Em pessoas que, como ele, querem preservar a natureza.

c) Na sua opinião, o menino tem razão na resposta que deu ao pai? Explique.

_____
_____
_____
_____
_____
_____
_____

d) Cite um problema que acontece no lugar onde você mora e que poderia ser resolvido se as pessoas da sua comunidade se unissem. Escreva abaixo o problema e a solução que você pensou.

- **Problema**

_____
_____
_____
_____
_____

- **Solução**

_____
_____
_____
_____
_____
_____

4 Leia o texto abaixo e responda às questões.

Tio Augusto já tinha uma certa fama na família. Era o salvador das plantas. Se alguém tinha uma plantinha meio feia ou que estava morrendo, levava logo para ele. Ele nem fazia nada demais, só colocava a planta ali no quintal, junto com as outras e regava. Parecia um hospital de plantas. Logo a planta, agradecida, ficava linda e cheia de flor.

E foi com todo esse jeito para as plantas que, um dia, tio Augusto decidiu cuidar de um terreno abandonado perto de casa. O terreno estava coberto de lixo. Pedia socorro. Mas ninguém ligava, nem a prefeitura.

Então ele foi lá e fez tudo sozinho. Retirou o lixo, cuidou da terra, plantou árvores frutíferas e flores também. O terreno ficou lindo. Tão lindo que agora se tornou um espaço de todos.

A prefeitura viu aquele terreno tão bonito e logo deu um nome pra ele. Virou uma praça. Mas não tem o nome do tio Augusto. Eu fiquei meio triste com isso, mas ele não se importa. Ele diz que a alegria dele é ver o terreno bonito e a molecada colhendo manga do pé.

Texto especialmente elaborado para esta obra.

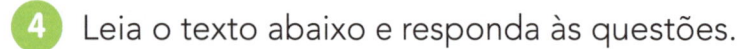

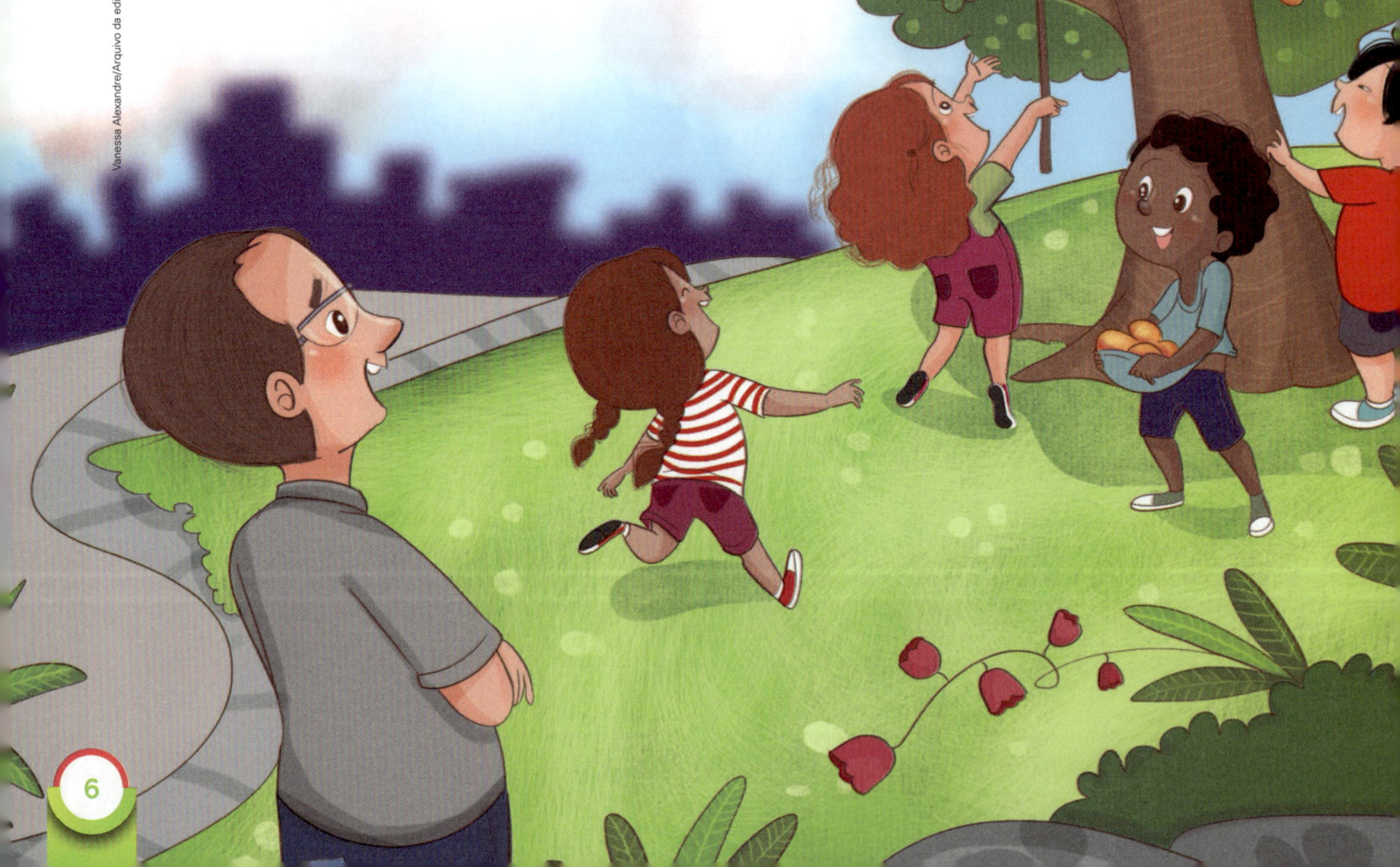

Vanessa Alexandre/Arquivo da editora

a) O que você achou da iniciativa do tio Augusto?

_____
_____
_____

b) Na sua opinião, de quem era a responsabilidade de cuidar do terreno? Explique.

_____
_____
_____
_____

5 No Brasil, preconceito é crime. Leia o texto abaixo sobre esse assunto e responda às questões.

Muitos haitianos vêm para o Brasil em busca de emprego e de condições mais seguras do que as de seu país, que sofre desde 2010 com as consequências de um terremoto que causou a morte de 300 mil pessoas. [...]

Louis, de 37 anos, veio para o Brasil há dois anos, procurando trabalho. [...] Ele conta que as maiores dificuldades foram no começo. "O mais difícil é o frio", diz. A língua não foi um obstáculo, porque Louis fala espanhol e isso facilita a comunicação com os brasileiros. Os idiomas mais falados no Haiti são o francês e o crioulo, um dialeto falado em todo o país. Alguns haitianos também estudam inglês e espanhol, mas são poucos.

Nascido na capital Porto Príncipe, Louis diz que o racismo é algo que sempre acontece. Aqui no Brasil foram poucas vezes, conta ele que prefere esquecer as situações relacionadas com preconceito racial. Em uma das vezes em que foi ofendido, a pessoa que o agredia achou que ele não podia entender o que ela estava dizendo, já que muita gente na cidade gaúcha tem o hábito de misturar alemão com português ao falar. Mas ele entendeu e procurou a empresa para relatar o preconceito, que hoje já não se repete mais. Sobre as palavras que foram usadas, Louis diz que prefere esquecer, que escolheu "não dar importância para essas coisas".

Imigrantes haitianos sofrem racismo e xenofobia no Brasil. **Terra**, 13 maio 2014. Disponível em: < https://www.terra.com.br/noticias/brasil/imigrantes-haitianos-sofrem-racismo-e-xenofobia-no-brasil,a55e260ac95f5410VgnVCM10000098cceb0aRCRD.html>. Acesso em: 24 out. 2019.

a) Imagine como seria deixar o lugar onde você vive, sua família e seus amigos. Como você se sentiria nessa situação?

_____
_____
_____
_____

b) O texto fala de situações de preconceito sofridas pelo haitiano Louis. Que tipo de preconceito ele sofria?

_____
_____
_____
_____

c) No texto, Louis conta que denunciou à empresa o preconceito que sofreu e que prefere esquecer as palavras que ouviu. Você concorda com a atitude dele?

_____
_____
_____
_____

d) Além de denunciar o preconceito, que outras atitudes podem colaborar para evitar que mais pessoas sejam vítimas de preconceito?

_____
_____
_____
_____

Unidade 2

As comunidades fazem História

1 Observe as fotografias e responda à questão.

Indígenas yanomamis na aldeia Ariabu, no município de Santa Isabel do Rio Negro, no estado do Amazonas. Foto de 2017.

Indígenas macaxalis na aldeia Jaqueira, no município de Porto Seguro, no estado da Bahia. Foto de 2019.

Meninas indígenas guaranis mbyas, da aldeia Kalipety, no bairro de Parelheiros, em São Paulo no estado de São Paulo. Foto de 2017.

Indígenas kuikuros na aldeia Ipatse, no Parque Indígena do Xingu, em Gaúcha do Norte, no estado de Mato Grosso. Foto de 2019.

- É correto afirmar que os indígenas são um único povo? Justifique sua resposta.

_____
_____

2 No lugar onde você vive e em seu dia a dia, você consegue identificar elementos ou costumes de origem indígena? Explique sua resposta.

_____
_____

3 Assinale **V** para as frases verdadeiras e **F** para as falsas.

☐ As populações indígenas estão presentes em todo o território brasileiro.

☐ Os povos indígenas foram trazidos para o Brasil pelos portugueses.

☐ As terras que hoje formam o Brasil já eram ocupadas por diversos povos antes da chegada dos europeus.

☐ Existe apenas um único modo de vida indígena.

☐ Os povos indígenas estão constantemente ameaçados por pessoas interessadas em invadir e explorar suas terras, principalmente para mineração, extração de madeira, criação de gado e plantação de soja.

☐ Quando um indígena sai da aldeia para viver na cidade, ele não deixa de ser indígena.

4 Encontre no diagrama 12 palavras de origem indígena que fazem parte do nosso dia a dia.

A	P	A	Ç	O	C	A	A	I	H	G	W	U	X	P	I	H	G	F	N
C	F	J	H	I	O	L	M	D	E	R	S	R	C	C	Z	A	P	I	A
Z	K	P	W	Y	H	O	L	D	N	D	E	U	W	A	P	M	E	F	G
M	J	Z	E	W	Q	U	I	K	G	D	V	B	A	T	D	A	J	A	P
I	U	Y	M	A	B	A	C	A	X	I	A	U	D	A	L	N	B	Ç	T
C	F	J	H	I	O	L	M	D	E	R	S	W	C	P	Z	A	P	A	A
S	U	C	U	R	I	O	L	D	N	D	E	A	W	O	P	M	E	I	G
M	J	Z	E	W	Q	U	I	K	G	D	V	K	A	R	D	C	J	A	P
A	N	P	K	L	M	O	P	I	P	O	C	A	X	A	I	A	G	F	A
I	U	Y	M	N	P	J	E	B	C	U	A	Y	D	K	L	N	B	Z	M
C	F	T	A	T	U	L	M	D	E	R	S	W	C	B	Z	J	P	I	O
Z	K	P	W	Y	H	O	L	D	P	E	R	E	B	A	P	I	E	F	N
M	J	Z	E	W	Q	U	I	K	G	D	V	K	A	S	D	C	J	A	H
A	N	P	K	L	M	O	A	I	H	G	W	Z	X	P	I	A	G	F	A
T	A	P	I	O	C	A	M	D	E	R	S	W	C	B	Z	A	P	I	A

5 Leia a seguir o texto sobre uma prática indígena.

Ainda hoje, o índio produz sem pensar em lucros e divide o que caça entre os parentes e membros de seu grupo.

Com um pedaço de caça ou um colar, dependendo do que se tem no momento, se retribui uma ajuda num parto, a cura de um parente ou a confecção de um arco.

Em alguns povos indígenas, as mulheres se reúnem para trocar objetos. É o *moitará*. No centro da aldeia, trocam objetos que têm ou produzem por outros.

Hoje em dia, alguns povos também trocam entre si. [...]

Desse jeito, divisão e soma andam juntas. Em cada troca confirmam que bicho, gente, terra, água, peixe, árvore e ar podem fazer da vida um grande *moitará*. Um *moitará* onde cada povo indígena possa continuar a viver.

CASTANHA, Marilda. **Pindorama:** terra das palmeiras. São Paulo: Cosac Naify, 2007. p. 27.

a) Sublinhe no texto o nome da prática indígena de trocar objetos.

b) No seu dia a dia, essa prática também acontece? Como os objetos são adquiridos pelas pessoas?

c) O texto diz que as pessoas e a natureza "podem fazer da vida um grande *moitará*". Como podemos explicar essa afirmação? Você concorda com essa frase? Por quê?

6 Leia abaixo um mito dos iorubas, um povo africano, e responda às questões a seguir.

Euá casa-se com Oxumarê

Euá andava pelo mundo,
procurando um lugar para viver.
Euá viajou até a cabeceira dos rios
e aí junto às fontes e nascentes
escolheu sua morada.
Entre as águas Euá foi
surpreendida pelo encanto e maravilha do Arco-Íris.
E dele Euá loucamente se enamorou.
Era Oxumarê que a encantava.
Euá casou-se com Oxumarê e a partir daí vive com o Arco-Íris,
compartilhando com ele os segredos do universo.

PRANDI, Reginaldo. **Mitologia dos orixás**. São Paulo: Companhia das Letras, 2001. p. 236.

a) O mito fala de dois orixás da cultura ioruba: Euá e Oxumarê. Com a ajuda do professor ou de um adulto que more com você, pesquise informações sobre os orixás.

_____

_____

_____

_____

_____

_____

b) Os orixás geralmente têm ligação com os elementos da natureza. Como podemos afirmar isso com base no texto?

_____

_____

_____

_____

7 Relacione o nome do reino africano à característica correta.

A. Reino de Gana   **C.** Reino do Mali

B. Reino do Congo   **D.** Reino do Benin

☐ O nome dado ao chefe mais poderoso era Obá. Havia forte presença de especialistas em metais, como ferro e bronze.

☐ Seu comércio era extremamente forte e o ouro era visto como símbolo de poder.

☐ Utilizavam-se moedas, o que revela a importância do comércio. Sal e tecidos eram alguns dos principais produtos comercializados.

☐ O nome dado ao chefe mais poderoso era *mansa*. Vários povos dominados por esse reino pagavam impostos e forneciam tropas.

Unidade 3

A cidade em que se vive

1 Leia o texto a seguir, em que o médico Drauzio Varella, nascido em 1943 no bairro do Brás, na cidade de São Paulo, no estado de São Paulo, relembra episódios de sua infância.

Nas ruas do Brás

Como as casas em que viviam as famílias eram pequenas, as crianças no Brás passavam o dia soltas. Minha irmã, como as outras meninas, não ia para longe do portão: brincava de boneca no quintal e de amarelinha na calçada, pulava corda com as amigas e, às vezes, jogava futebol comigo, mas minha mãe não gostava disso; dizia que não era brincadeira de menina. Eu tomava café, corria para a rua e só voltava para comer; vivia alucinado atrás da bola. Ainda mais que o campo era bem em frente de casa, na calçada da fábrica do seu Germano, um alemão forte e bravo...

Bola de couro ninguém tinha, jogávamos com aquelas pequenas de borracha que pulam feito cabrito. Quando estouravam, fazíamos outra com meia velha e jornal amassado, ótimas para bater pênalti na calçada. As partidas só paravam quando as mães chamavam para dentro. [...]

VARELLA, Drauzio. **Nas ruas do Brás**. São Paulo: Companhia das Letrinhas, 2003.

a) As brincadeiras que o autor descreve se parecem com as de hoje em dia?

_____

_____

b) As lembranças do autor nos ajudam a conhecer um pouco melhor o lugar onde ele vivia e os costumes da época. Assinale com um **X** o que elas nos dizem sobre o bairro do Brás e os costumes daquele tempo.

☐ Não era possível brincar na rua.

☐ As bolas feitas de couro eram comuns.

☐ Havia uma fábrica e um campo de futebol no bairro.

☐ O bairro era perigoso.

☐ Meninos e meninas não podiam brincar juntos.

☐ As casas eram pequenas.

c) O autor diz que a mãe não gostava que a irmã dele jogasse futebol. Dizia que não era brincadeira de menina. Agora leia a tirinha abaixo.

BECK, Alexandre. **Armandinho**.

- Na sua opinião, existem brincadeiras de menino e brincadeiras de menina? Justifique sua resposta.

_____

_____

_____

2. Leia abaixo as memórias de infância de dona Lúcia, nascida em 1933, que morou no bairro do Ipiranga, em São Paulo, no estado de São Paulo, quando era criança.

A minha rua era uma rua totalmente sem calçamento e não havia passagem de automóvel, pois tinha mato no meio da rua. Passava só carroça que na época fazia a entrega do pão... Os padeiros passavam servindo o pão e o leite pela carroça... E luz, só tinha nas casas.

SILVA, M. Alice Setúbal S.; GARCIA, M. Alice Lima; FERRARI, Sônia C. Miguel. **Memórias e brincadeiras na cidade de São Paulo nas primeiras décadas do século XX**. São Paulo: Cortez, 1989. p. 82.

- Agora, observe uma fotografia do bairro do Ipiranga nos dias de hoje.

Vista do bairro do Ipiranga, na cidade de São Paulo, no estado de São Paulo. Foto de 2020.

- Com base no texto e na imagem, podemos dizer que o bairro do Ipiranga mudou? Quais são as diferenças entre o bairro do Ipiranga de antigamente e o dos dias de hoje?

___
___
___
___

3 Leia o texto e responda ao que se pede.

Na verdade, todas as coisas feitas e pensadas pelo homem são cultura [...].

Toda essa construção humana é chamada de patrimônio cultural, pois é o que vem sendo legado de geração a geração [...].

É o patrimônio cultural geral que nos dá a ideia da grande aventura da humanidade: de suas realizações positivas e suas loucuras de poder.

MARTINS, Maria Helena Pires. **Preservando o patrimônio & construindo a identidade**.
São Paulo: Moderna, 2001. p. 27.

a) Segundo o texto, o que é patrimônio cultural?

_____

_____

b) Pesquise em livros, jornais ou na internet um patrimônio cultural brasileiro. Cole abaixo a foto desse patrimônio e escreva por que ele é importante.

4 Com a ajuda do professor ou de algum adulto que more com você, digite o endereço abaixo na internet. Nesse endereço você poderá escolher um museu e fazer uma visita virtual.

> http://eravirtual.org/visitas-virtuais/

- Explore o *site*, percorrendo todas as salas do museu. Aproveite a visita! Depois, responda às questões.

    a) Escreva o nome do museu que você escolheu visitar.

    _____
    _____

    b) Do que você viu nessa visita, o que mais chamou a sua atenção? Por quê?

    _____
    _____
    _____
    _____

    c) Você já havia visitado virtualmente um museu? O que achou da experiência? E pessoalmente já visitou um museu? Qual?

    _____
    _____
    _____

    d) Na sua opinião, é importante que os museus sejam acessíveis a todas as pessoas? Por quê?

    _____
    _____
    _____
    _____
    _____

Unidade 4 — Trabalhar e viver

1 Leia o texto abaixo. Ele explica como começou a ideia do cinema, há mais de 300 anos.

[...] um inventor chamado Athanasius Kircher publicou, em 1646, um livro com um título intrigante: A grande arte da luz e da sombra. No último capítulo, ele descreveu uma caixa simples que continha uma fonte de luz e um espelho curvo: era a lanterna mágica. Dentro dela, a luz batia nos espelhos, se modificava e era projetada na parede, criando efeitos espetaculares. A lanterna mágica assombrou muita gente, alguns até acharam que era bruxaria. [...]

Algumas dessas pessoas [que leram o livro] tentaram criar um jeito de usar a lanterna mágica para contar histórias. Tiveram então a ideia de colocar um disco de vidro com desenhos dentro da caixa. A luz e o espelho faziam a imagem ser projetada na parede, como se fosse um *show* de *slides*. Naquela época, essas projeções representavam um avanço incrível, pois as máquinas de fotografia, as filmadoras e os projetores ainda estavam longe de ser inventados.

COELHO, Raquel. **A arte da animação**. Belo Horizonte: Formato Editorial, 2000.

a) Como a lanterna mágica funcionava?

_____
_____

b) E nos dias de hoje, quais são as técnicas que utilizamos para contar uma história com imagens?

_____
_____

c) Essas tecnologias se transformaram muito ao longo do tempo?

_____
_____

2 Leia o texto e responda às questões a seguir.

Ônibus linha 21

Eu já não aguento
A superlotação do 21:
Entram três, entram dez, entram mil:
Eu nem reclamo,
Senão entra mais um.

Um passinho à frente,
Faz o favor!

Por isso é um horror
Viajar no 21:

Cinco, dez, mil
Reclamo depois
Senão vêm mais dois.

Um passinho à frente,
Faz o favor!

Semana passada
Peguei o 21,
E foi um horror:
Mais de cinco mil
Pisando nos meus pés.

Um passinho à frente,
E sobem mais dez!

CAPPARELLI, Sérgio.
111 poemas para crianças.
Porto Alegre: L&PM, 2008. p. 57.

a) Qual é o meio de transporte que serve de tema para o poema?

_____

_____

b) Você já usou esse meio de transporte? Se sim, a sua experiência foi parecida com a da personagem do poema?

_____

_____

_____

c) O meio de transporte tratado no poema existe há muito tempo? Como você imagina que eram os meios de transporte coletivos mais antigos do que esse?

_____

_____

_____

_____

_____

d) No poema, podemos identificar um problema muito frequente nas cidades médias e grandes dos dias de hoje. Que problema é esse?

_____

_____

_____

e) Em sua opinião, qual seria uma possível solução para esse problema?

_____

_____

_____

_____

_____

3 Observe a imagem abaixo.

Colheita de algodão no município de Cambé, no estado do Paraná. Foto de 2019.

a) A paisagem retratada na fotografia é da cidade ou do campo?

___

b) Que tipo de trabalho está sendo realizado? Por quem?

___

c) Podemos dizer que a tecnologia tem gerado transformações nas formas de trabalho no campo? Explique sua resposta.

___

4 Agora você vai pesquisar em livros, jornais ou na internet uma profissão que desapareceu por causa da tecnologia e outra que surgiu por causa da tecnologia. Recorte e cole o que encontrar no espaço abaixo.

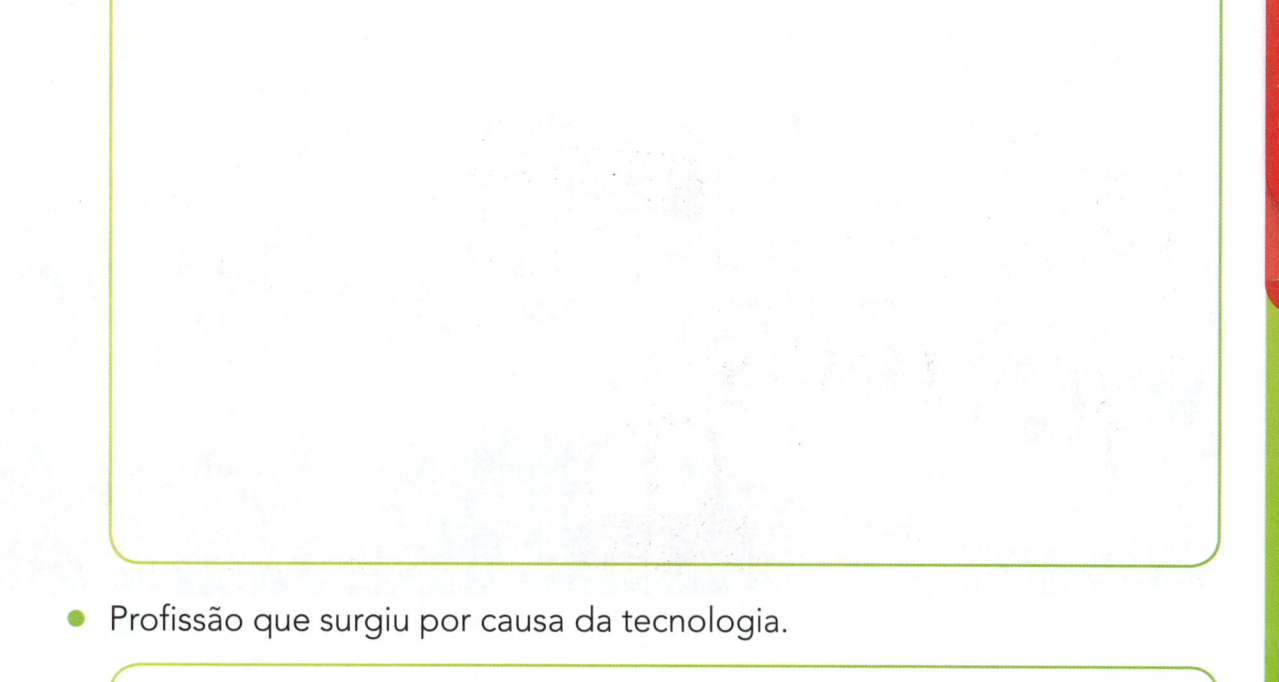

- Profissão que desapareceu por causa da tecnologia.

- Profissão que surgiu por causa da tecnologia.

Jogo dos 7 erros

Compare as cenas e descubra os 7 erros. Marque as diferenças com um **X** na segunda cena.

ÁPIS DIVERTIDO

3º ANO

Ensino Fundamental

HISTÓRIA

ESTE MATERIAL PODERÁ SER DESTACADO E USADO PARA AUXILIAR O ESTUDO DE ALGUNS ASSUNTOS VISTOS NO LIVRO.

NOME: _____ TURMA: _____

ESCOLA: _____

editora ática

Jogo Trabalho e lazer

Destaque as cartas para brincar com o jogo **Trabalho e lazer**.

Crianças brincando com aros, em 1922.

Balanço, em 1930.

Trenzinho, em 1930.

Amarelinha, em 1930.

Crianças brincando com bonecos.

Basquete.

Jogo de tabuleiro.

Videogame.

Os tabuleiros e as regras dos jogos estão no final do **Ápis divertido**.

Trabalho e lazer

Jogo Trabalho e lazer

Padeiro.

Florista, em 1890.

Operador de robô.

Astronauta.

Professora, em 1935.

Coletor de lixo.

Leiteiro, em 1962.

Lavradoras, em 1960.

Trabalho e lazer
Trabalho e lazer
Trabalho e lazer
Trabalho e lazer
Trabalho e lazer
Trabalho e lazer
Trabalho e lazer
Trabalho e lazer

Jogo Trabalho e lazer

Crianças brincando com aros, em 1922.

Balanço, em 1930.

Trenzinho, em 1930.

Amarelinha, em 1930.

Crianças brincando com bonecos.

Basquete.

Jogo de tabuleiro.

Videogame.

Padeiro.

Trabalho e lazer Trabalho e lazer Trabalho e lazer

Trabalho e lazer Trabalho e lazer Trabalho e lazer

Trabalho e lazer Trabalho e lazer Trabalho e lazer

Jogo Trabalho e lazer

Florista, em 1890.

Operador de robô.

Astronauta.

Professora, em 1935.

Coletor de lixo.

Leiteiro, em 1962.

Lavradoras, em 1960.

Trabalho e lazer   Trabalho e lazer   Trabalho e lazer

Trabalho e lazer   Trabalho e lazer

Trabalho e lazer   Trabalho e lazer

Jogo Imagens na mira!

Destaque as fichas para brincar com o jogo **Imagens na mira!**.

Destaque o dado para escolher quem começará o jogo e qual será a ordem dos próximos participantes.

Legenda:

 Dobre.

Cole.

Montado:

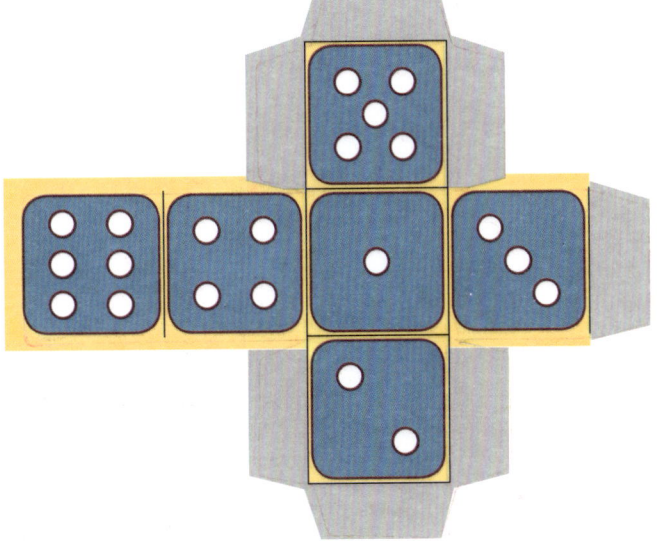

Jogo Imagens na mira!

Encontre no tabuleiro uma profissão moderna.

Encontre no tabuleiro uma profissão que não existe mais.

Encontre no tabuleiro um transporte coletivo.

Encontre no tabuleiro uma imagem da zona rural.

Encontre no tabuleiro um objeto elétrico.

Encontre no tabuleiro um objeto antigo.

Imagens na mira!
Imagens na mira!

Imagens na mira!
Imagens na mira!

Imagens na mira!
Imagens na mira!

Jogo Imagens na mira!

Encontre no tabuleiro um transporte antigo.

Encontre no tabuleiro um transporte individual.

Encontre no tabuleiro um dever do cidadão.

Encontre no tabuleiro uma imagem da zona urbana.

Encontre no tabuleiro uma forma de lazer moderna.

Encontre no tabuleiro uma forma de lazer antiga.

Imagens na mira!
Imagens na mira!
Imagens na mira!
Imagens na mira!
Imagens na mira!
Imagens na mira!

Jogo Trabalho e lazer

Brincar é muito bom! Com o passar do tempo, algumas diversões permaneceram, outras mudaram. Assim como as profissões!

Vamos brincar e conhecer mais profissões e diversões antigas e atuais?

Quantidade de jogadores

- 2 ou 3

Como jogar

- Destaque as cartas das páginas 3 a 9.
- Disponha as cartas viradas para baixo nos espaços reservados no tabuleiro ao lado.
- Cada jogador, na sua vez, vira duas cartas e verifica se formam par.
- Se as cartas forem iguais, o jogador fica com o par para si.
- Se não formarem par, o jogador deve virá-las para baixo novamente e passar a vez.
- Ganha o jogo quem conseguir formar o maior número de pares de cartas.